H.G. Schwieger · Gefährten eines Lebens

Die blaue Reihe: H. G. Schwieger

Gefährten eines Lebens

B|R
V|W

Blaue Reihe-Verlag
Wiesbaden

Titelbild:
„The Lovers"
Pablo Picasso

© by H. G. Schwieger, Corconio/Wiesbaden
Alle Rechte vorbehalten
Herstellung: Kösel, Kempten
Schrift: Garamond der H. Berthold AG, Berlin
ISBN 3-921261-10-4

Inhalt

Tolstoi gibt eine Richtlinie	7
Das chinesische Beispiel	7
Gleichklang auf drei Ebenen	8
Die Ehe lebt	10
Das Sex-Tabu ist tot	12
Philosophien der Liebe	14
Der Zahn der Zeit	16
Verhungert aus Mangel an Liebe	18
Wandlung der Wahl	20
Die Anatomie ist das Schicksal	23
Die Gefährtenehe	24
„Mine Fru" hat diese große Sache geleistet	26
Die Liebe lebt von Kleinigkeiten	28
Trauung kommt von Vertrauen	29
Glückliche Partner haben kein Gedächtnis	30
Der Preis der inneren Formung	32
Vom Garten der Ehe	77

Man tritt nur durch die Liebe in die Wahrheit ein

Sie ist nicht nur der Respekt vor der Seele des anderen, nicht nur die Liebe für die Kreatur an sich, sondern sie besteht darin, daß man in der menschlichen Kreatur die Ähnlichkeit mit dem Schöpfer erkennt, der uns die Freiheit oder wenigstens die nicht völlige Gebundenheit durch die Sinne verliehen hat.

Bonaventura Tecchi

Tolstoi gibt eine Richtlinie

Nichts ist so vielschichtig wie die Problematik eines Lebensbundes. Glück und Gelingen hängen wesentlich von der grundlegenden Einstellung beider Partner zur Ehe ab. Von Tolstoi ist hierzu eine Äußerung bekannt, die diese Frage im Kern trifft.

Nach seiner Meinung liegt die Hauptursache unglücklicher Ehen bei der gedanklichen Erziehung, daß die Ehe dazu bestimmt sei, glücklich zu machen. Gemeint ist, daß bereits der Glaube an das „Recht auf Glück" verhängnisvoll werden kann.

Das Glück liegt allein im gegenseitigen Schenken. Wer diese seltene Kunst beherrscht, wird an sich erfahren, daß der Schenkende zugleich der Beschenkte und der Beglückende immer der Beglückte ist.

Das chinesische Beispiel

Ein Jahrzehnt oder auch mehr mögen vergangen sein, als eine Zeitschrift von einer im Sinne des Wortes liebenswürdigen chinesischen Anekdote berichtete. Offenbar bewirkten die schlichte Form der Erzählung und die lebenskluge Erkenntnis, daß sie sich im Gedächtnis verankerte und von Zeit zu Zeit wieder in Erinnerung brachte – als wir die Tochter zum Altar geleiteten, oder gelegentlich, als glückstrahlende Hochzeitspaare im Straßenverkehr den Alltagsweg kreuzten.

Jene Geschichte berichtete, daß es im alten China eine Familie gegeben habe, die weit und breit wegen ihres glücklichen Zusammenlebens bekannt war. Allenthalben rühmte man, ihre Angehörigen seien so glücklich, daß seit Generationen keiner den Kreis verlassen habe, mit Ausnahme der heiratsfähigen Töchter, die ihrerseits ebenso glückliche Familien gründeten. Die Kunde von einer derart ungewöhnlich häuslichen Glückseligkeit mußte schließlich bis zum Ohr des Kaisers vordringen. Um das Geheimnis einer so seltenen Harmo-

monie zu erkunden und seinen Untertanen zugänglich zu machen, wurde alsbald einer der höfischen Ratgeber ausgeschickt. Durch den Sendboten über den Wunsch des Landesherren unterrichtet, griff das Oberhaupt der Familie lächelnd zu Pinsel und Tusche und machte sich daran, Reihen von Schriftzeichen zu Papier zu bringen, verschloß endlich die Rolle und übergab sie dem Abgesandten.
Als der Kaiser das mit Spannung erwartete Schriftstück beglückt entgegennahm und entrollte, fand er keine andere Kunde vor als das hundertmal wiederholte Schriftzeichen für „Geduld".

Gleichklang auf drei Ebenen

Man weiß, daß Gleichnisse, Legenden und Anekdoten sich gern der Vereinfachung von Abläufen und Lebensumständen bedienen, und zweifellos ist Geduld nicht die einzige Voraussetzung und Garantie für einen glücklichen Lebensbund, gewiß aber ist sie eine bedeutsame, unerläßliche Eigenschaft, die Begehren und Liebe in Verständnis einmünden läßt und zu dem beständigen Fundament beiträgt, auf dem man weiterbauen kann. In einer anderen Betrachtung wurde die Ehe mit einem Tresor verglichen, dessen kompliziertes Schloß sich nur öffnen läßt, wenn jeder der Partner sich lebenslang verschiedener Zahlenkombinationen erinnere, die wechselseitig eingestellt werden müssen. Vieles wäre in der Tat einfacher und das Gelingen eines Lebensbundes nicht der Vollendung eines seltenen, ungewöhnlichen Kunstwerkes gleichzusetzen, wenn dieser Gleichklang zwischen den Lebenspartnern nicht unablässig auf mehreren, recht unterschiedlichen Ebenen herbeigeführt oder zumindest angestrebt werden müßte.
Wenn zwei Menschen den Wunsch haben, Lebensgefährten zu werden, also nicht nur die Annehmlichkeiten des Lebens, sondern auch seine Gefahren miteinander teilen zu wollen, werden sie dennoch stets

zwei im Wesen unterschiedliche, vielschichtige Persönlichkeiten bleiben. Darin liegt sowohl der Reiz ihrer Verbindung als auch die Gefahr für ihre Gemeinsamkeit. Wenige sind sich am Beginn dessen bewußt, daß jeder Partner nur gleichzeitig in seinen drei Dimensionen zu verstehen ist, die nicht getrennt, sondern nur miteinander beurteilt werden können:
die leibliche, die seelische und die geistige.
Wer sich vergegenwärtigt, daß jede einzelne dieser drei persönlichen Veranlagungen naturbedingt wiederum eine große Variationsbreite hat und daß darüber hinaus zwischen Mann und Frau geschlechtsbedingte Wesensunterschiede bestehen, wird erkennen, daß es nicht nur drei Ebenen sind, auf denen sich zwei Partner zusammenfinden müssen, also nicht nur sechs oder neun Faktoren in Einklang zu bringen sind, sondern eine Vielzahl von Unwägbarkeiten; ihr schwieriger Ausgleich ist einem Kunstwerk gleichzusetzen, das als Ideal immer bestehen wird. Der Begriff des Ideals besagt für den Kundigen ohnehin, daß dessen allerletzte Stufe nie zu erreichen ist, daß aber aus den Bemühungen um die Erlangung dieses Zieles stets neue segensreiche Kräfte erwachsen werden.

Die Ehe lebt

Wenn die Institution der Ehe gegenwärtig häufig kritisch beurteilt wird, so ist der Grund nicht zuletzt darin zu suchen, daß nicht Ideale angestrebt werden, sondern daß am Beginn der Gemeinschaft vielfach Illusionen stehen, die den rauhen Winden auf dem gemeinsamen Lebensweg, insbesondere an seinen Kreuzungen, nicht standhalten können. Berücksichtigt man darüber hinaus, daß die drei Ebenen jeder menschlichen Persönlichkeit sich wiederum auf drei weiteren Ebenen in der „Person der Ehegemeinschaft" vereinigen müssen, so wird vieles, das an Mißverständnissen, Hemmungen und Mißhelligkeiten lebenslang zu überwinden ist, leichter verständlich. In der „Person der Ehe" treffen sich zwangsläufig die leiblichen Veranlagungen beider Partner auf der Ebene des Sexus, die seelischen Hinstimmungen im Erotischen und die geistigen auf einer Basis, für die es schwerfällt, eine übergeordnete Definition zu geben; es sei denn, daß man sie wie Theodor Bovet aus dem Religiösen entlehnt und als „Agape" bezeichnet, jener geistig-seelischen Übereinstimmung, die die alt-christlichen Gemeinden beim religiös gestalteten Liebesmahl anstrebten. Interessant und durch Erfahrungen belegt ist, daß Eheleute, die auf mindestens zwei dieser Ebenen übereinstimmen, im allgemeinen gute Aussichten haben, es zu einer befriedigenden Lebensgemeinschaft zu bringen.

Wenn ein derzeit ebenso bekannter wie umstrittener Kolumnist mit der Schlagzeile einer Illustrierten Zeitung die Frage aufwirft, ob die Ehe tot sei, und wenn er in seinen Ausführungen zu der Vermutung kommt, daß um das Jahr 2000 herum das Stadium der Ehe erreicht sein wird, „das ihrer Abschaffung vorausgeht", so kann man darin entweder nur eine leichtfertige, provozierende Behandlung eines zentralen Themas mit dem Hintergedanken der Auflagenerhöhung sehen, oder aber beklagenswert destruktive Darlegungen eines Berufs-Opportunisten. Der Schreiber des

umstrittenen Artikels kommt nicht umhin, zuzugeben, „daß seit Menschengedenken keine historisch überlieferte Gesellschaft bekannt sei, die ohne die Ehe ausgekommen ist"; er muß sogar feststellen, daß sie, nach der vermehrten Zahl der Eheschließungen und einer zu beobachtenden „Ideologisierung" zu folgern, eine beängstigende Spätblüte" erlebe, etwa ähnlich derjenigen, „die die Monarchie vor ihrem Zusammenbruch zu verzeichnen hatte". Der fragwürdige Vergleich der Ehe mit einer politischen Institution hinkt ohnehin schon deshalb, weil er sich auf zwischenmenschliche Verhältnisse bezieht, die sich auf völlig unterschiedlichen und nicht vergleichbaren Ebenen abspielen. Ebensowenig beweiskräftig ist der Hinweis des Autors, daß „drei, vier, auch sechs oder sieben aufeinanderfolgende Ehen in einem Menschenleben heute keine Seltenheit" seien. Diese vornehmlich auf wirtschaftlich unabhängige Filmidole zutreffende Feststellung, von der auch ein Beispiel in seiner Betrachtung herausgestellt wird, spricht nicht gegen die Institution der Ehe, wie überhaupt die vom gleichen Verfasser angedeutete Ablösung der Ehe durch eine „kommende Liebeskultur" erkennen läßt, daß der Akzent seiner Betrachtung vornehmlich auf der physischen, sprich sexuellen Ebene liegt und damit dem Wesen der ehelichen Gemeinschaft in seiner Breite und Tiefe nicht gerecht wird.
Derartige Auslegungen kommen bewußt solchen zweifellos bequemen Auffassungen entgegen, die die Forderung nach persönlicher Glückserfüllung und Genußverlangen, oder was fälschlicherweise darunter verstanden wird, an die erste Stelle, die Rücksichtnahme auf den Partner, das Wohl und Glück des anderen, persönliche Verzichte und den Begriff der Pflichterfüllung dafür hintansetzen. Kurzsichtig wäre es allerdings, die Bedeutung der physischen Belange in der Ehe verkleinern zu wollen. Ohne deshalb puritanisch zu sein, muß es jeden bedenklich stimmen, daß der weitreichende Einfluß der Massenmedien vielfach bedenkenlos ausgenutzt wird, ohne den Scha-

den abzuwägen, der durch derartige Publikationen sowohl im moralischen als auch im sozial-politischen Bereich angerichtet wird. Wenn von 52 Jahresausgaben der meisten Illustrierten nahezu 50 Titelblätter aus Furcht vor Auflagenverlusten offensichtlich auf die Sexwelle ausgerichtete weibliche Akte zeigen, nur weil sich die Oster- und Weihnachtsnummern beim besten Willen dafür nicht eignen, so drängen sich die Fragen auf, ob sich diese Redaktionsleitungen nicht ihrer Verantwortung bewußt sind und wann der Zeitpunkt der Sättigung für solche „Darbietungen" erreicht sein wird? Oder sind der in verschiedenen Bereichen zu beobachtende Berufsopportunismus und der vordergründige Geschäftssinn ein Zeichen der Dekadenz unserer sich kurzsichtig selbst vernichtenden Gesellschaft?

Das Sex-Tabu ist tot

Aus durchsichtigen wirtschaftlichen Gründen bezieht sich die Mehrzahl aller mit dem Thema Liebe und Ehe befaßten Publikationen in Zeitschriften und Magazinen – auch wenn man versucht, ihnen ein Mäntelchen von Ethik, Beratung und Belehrung umzulegen – vorwiegend und vordergründig auf die sexuelle Ebene. Damit werden insbesondere für eine im Leben noch wenig erfahrene Jugend leichtfertig einseitige Akzente gesetzt, an deren Folgen die gegenwärtige und die nachfolgende Generation zu tragen haben. Um der Objektivität willen muß hinzugefügt werden, daß die den Massenmedien zu Recht oder zu Unrecht angelastete Sexualisierung nicht möglich wäre, wenn man sich um eine sinnvolle, freimütige Erziehung zu einem partnerschaftlichen Geschlechtsbewußtsein in der Vergangenheit und vor allem auch in der Gegenwart wirkungsvoller bemüht hätte. Bestenfalls darf heute von ersten Anfängen gesprochen werden. Von einer planmäßigen Erziehung zu einer gesunden Geschlechtlichkeit im Rahmen der regulären Pädagogik kann vorerst noch keine Rede sein. Unverständlich bleibt nach wie vor, weshalb junge Pädagogen noch immer nicht mit den Äußerungs- und Entwicklungsformen kindlicher Sexualität bekanntgemacht werden, obwohl man längst weiß, welche bedeutsamen Entwicklungen bereits im frühen Kindesalter vor sich gehen. Noch immer verhallt die Klage des jungen Arbeiters in Rainer Maria Rilkes gleichnamigem Brief: „Warum läßt man uns im Stich, dort an der Wurzel allen Erlebens!" in der Mehrzahl aller Fälle ungehört. In einer der bedeutsamsten Lebensphasen mit ihren Beobachtungen allein gelassen, wird jede Generation sich den zeitgemäßen Informationsquellen – und das sind heutzutage die Massenmedien – zuwenden. Zugegebenermaßen handelt es sich um eine nicht leichte Aufgabe. Ein Hoffnungsschimmer zeichnet sich darin ab, daß das „Sexualtabu" die gefährliche Position, die es noch zur Zeit unserer Eltern oder gar Großeltern besaß, verloren hat. Man kann hoffen, daß bei einer sachlichen, kritischen Jugend, die van de Veldes „Vollkommene Ehe" belächelt, die Ahnung aufzukeimen beginnt, daß die Sexualität ein Schlüssel zu erfüllter, glücklicher Menschlichkeit ist, „die durch keine technische Perfektion ersetzt, durch keine Leistungsnorm verdrängt und durch keinen Ersatzkonsum vergessen werden kann". (Ulrich Beer)

Philosophien der Liebe

Wie wohltuend heben sich von den gegenwärtig üblichen Publikationen Worte von Zenta Maurina in der Einleitung ihrer Essaysammlung „Über Liebe und Tod" ab, in der die schwedische Dichterin betont, daß sie es nur „wage", über Liebe zu schreiben, weil sie „durch sie aus der Gruft des Todes, aus dem Abgrund der Melancholie, aus der Sturmflut der Verzweiflung, aus dem Kerker unheilbarer Krankheit erlöst" worden sei. Wer ihr begegnete oder ihren an Kämpfen übervollen Lebensweg aus ihren Werken kennt, wird beipflichten, daß es nur wenige Menschen geben dürfte, die mit annähernd gleicher Berechtigung und entsprechendem Tenor das Wort zu diesem Thema in der Gegenwart ergriffen haben.
Denjenigen, die sich beruflich mit den Ergebnissen der Verhaltensforschung zu beschäftigen haben, drängen sich zu den Problemen der ehelichen Gemeinschaft Fakten und Entwicklungstendenzen auf, die durchaus von allen Seiten beleuchtet und zur freimütigen Diskussion gestellt werden sollten, damit der einzelne sich in der Masse einer materialisierten Welt zurechtfindet, vorausgesetzt, daß dies mit angemessenem Verantwortungsgefühl geschieht. Letztlich muß dabei jedes Denken und Handeln an den beiden Prinzipien gemessen werden, die in unserem Jahrhundert im weltweiten Widerstreit liegen: entweder an dem Primat materieller Werte und der Betonung politischer Aspekte oder an dem Bewußtsein einer an den Schöpfer gebundenen Verantwortung gegenüber dem Nächsten und sich selbst, an dem sich jegliches Menschsein, also auch die Ehe, ausrichtet.
Die Entscheidung für eines dieser Prinzipien oder für eine sinnvolle Synthese von beiden wird für unser Schicksal bestimmend sein, in ihren Folgen segensreich oder verhängnisvoll für den einzelnen und für die Familie und bis in die größere Gemeinschaft der Gesellschaft sichtbar werden.
In der erwähnten Essaysammlung zeigt die schwe-

dische Autorin an Beispielen auf, daß jede Epoche ihre eigene Philosophie über die Liebe entwickelte. Ihre Schilderung geht über Platon zu Thomas von Aquin, Franz von Sales, Stendhal bis zu Ortega y Gasset und endet mit der Feststellung, daß unsere Zeit als auffälligste Erscheinung den Rapport von Alfred C. Kinsey über das sexuelle Verhalten der Geschlechter hervorgebracht habe.

Derartige, auch anderen Ortes vorgebrachte Hinweise sind wohl zutreffend aber dennoch nicht vorbehaltlos zu verallgemeinern. Ob und inwieweit frühere philosophische Bemühungen, an deren Seite der Einfluß der Lyrik und des Theaters zu stellen wäre, in den damaligen Epochen tatsächlich in die Breite wirkten, kann heute nur vermutet oder in groben Umrissen abgeschätzt werden. Spürbarer dürfte sich auf breiter Basis der Einfluß kirchlicher Moraltheorien niedergeschlagen haben, der schließlich zu den Reaktionen beitrug, denen wir uns heute gegenübersehen.

Niemand wird daran zweifeln, daß die natürlichen Kräfte in uns seit Anbeginn die gleichen waren. Daß sie heute ungleich explosiver zutage treten, ist vornehmlich auf die Auswirkungen der wesentlich größeren Kommunikationsmöglichkeiten – repräsentiert durch die Millionenauflagen der Presse, durch Funk und Fernsehen – und auf die Verkürzung der Entfernungen zurückzuführen. Hier liegen bei unverantwortlicher Handhabung die aufgezeigten Gefahren, aber auch die Möglichkeiten zur Behebung der Probleme eng beieinander. Unbestritten befinden wir uns allenthalben in der Phase einer weltweiten Revolution der Gedanken und Gefühle, die bis in die Intimsphäre der persönlichen Beziehungen hineinreicht. Warum sollten die technischen Errungenschaften, die die Ausbreitung dieser Reaktionen begünstigen, nicht segensreich für die Besinnung auf die Werte genutzt werden, ohne die der Mensch und die Gemeinschaft sich selbst aufgeben würden. Alle Voraussetzungen dafür sind gegeben, die positiven so gut wie die negativen. Es ist nur natürlich, daß ein Teil der Jugend glaubt, auf vermeintlich überholte Anschauungen verzichten zu können, ihr fehlen jedoch die Erfahrungen und die Vergleichsmöglichkeiten, die sie um so nötiger hätte, als besonders sie sich einer erheblich intensiveren Ansprache als ihre Vorfahren auf allen Ebenen ausgesetzt sieht, ohne sich dabei an früher bestehende Wertmaßstäbe halten zu können, die jenen noch eine Stütze bieten konnten. Es sind nicht alle Erscheinungen der Gegenwart, die uns erschrecken sollten, viele werden mit Sicherheit vom Zahn der Zeit genauso auf ihren Kern abgenagt wie eh und je.

Der Zahn der Zeit

Humorvoller hätte es wohl kaum jemand ausdrücken können, als es unlängst in einer amerikanischen Frauenzeitschrift zu lesen war: „Die Teenager von heute sind die Mütter von morgen", und wem das noch nicht Trost genug ist: „Sie sind genausogut die Großmütter von übermorgen, man muß es sich nur immer wieder einreden." Für die künftigen Väter und Großväter gilt das gleiche, und ob beide mit so gänzlich anderen Augen über dem Wohl ihrer Kinder wachen werden, nachdem die Lebensstürme die Blätter der Illusion und die Blüten falsch verstandener Freiheitsvorstellungen hinweggefegt haben, bleibt am besten mit Gelassenheit abzuwarten. In Wirklichkeit ist die heutige Jugend kaum anders als ihre Vorgänger. Jedenfalls zeigt die nüchterne Statistik Ergebnisse, die zu den Vorstellungen von der Moral früherer Zeiten offensichtlich im Widerspruch stehen. Wie anders wäre es sonst zu erklären, daß der Prozentsatz der in der Ehe vorzeitig geborenen Kinder in der „guten alten Zeit" 1913 – 56 Prozent, 1931 ebenfalls 56 Prozent betragen hat und 1963 zwischen 55 und 60 Prozent gelegen haben soll. Derartige Feststellungen besagen nicht mehr und nicht weniger, als daß unsere Natur unveränderten Gesetzen unterworfen ist, die weder von Moraltheorien umgestürzt, sondern höchstens vorübergehend von Zeitströmungen in der einen oder anderen Richtung beeinflußt werden können. Andere aufschlußreiche Erhebungen bezeugen, daß die vorehelichen Verbindungen bei 61 Prozent der jungen Männer und bei 84 Prozent der Mädchen trotz aller liberalisierenden Einflüsse eindeutig auf einen einzigen Partner abzielen.

Was wir gegenwärtig erleben und vielfach mit Besorgnis registrieren, muß nicht unbedingt mehr als eine natürliche, etwas hochgespielte Reaktion auf unglücklicherweise jahrhundertelang von Institutionen und Organisationen vertretene, häufig heuchlerische Anschauungen sein, die einer natürlichen Geschlechtlichkeit ihre Daseinsberechtigung absprachen. Erfreulicherweise sind seit einiger Zeit Bemühungen von fortschrittlichen Kräften der christlichen Kirchen zu verzeichnen, offiziell einen Wandel zur Überwindung überholter Betrachtungsweisen herbeizuführen.

Verhungert aus Mangel an Liebe

Alle Lebewesen, einerlei ob Pflanze, Tier oder Mensch, haben in ihrem begrenzten Leben zwei Aufgaben zu erfüllen:
den Kampf um die Erhaltung des eigenen Lebens zu führen und es an die nächste Generation weiterzugeben.
Bei der Erfüllung dieser Bestimmung unterliegt der Mensch unveränderlichen, ewigen Gesetzen, die nicht ohne Not übergangen werden können. Wo man glaubt, sich ganz oder zeitweilig über sie hinwegsetzen zu können, bleiben die Folgen nicht aus, mit denen sich später Ärzte, Psychiater, Seelsorger oder Richter auseinandersetzen müssen. Der Mensch kann – je nach den klimatischen Verhältnissen – nur wenige Tage ohne Wasser, einige Wochen ohne Nahrung, aber auch nur eine bedingte Zeit ohne echte Zärtlichkeit und Zuneigung leben, wenn er nicht seelisch und letztlich auch physisch Not leiden soll. Hierfür gibt es aus alter und jüngster Zeit eindrucksvolle Beispiele. Erinnert sei in diesem Zusammenhang an den Versuch Friedrich II. von Hohenstaufen (1194–1250), der die Ursprache des Menschen erkunden wollte, zu diesem Versuch Neugeborene absondern ließ und ihren Pflegerinnen verbot, mit ihnen oder in ihrer Gegenwart zu sprechen. Die Kinder offenbarten keine Ursprache, aber sie starben sämtlich trotz guter Pflege, sie „verhungerten" aus Mangel an Liebe.
Neuerdings haben aufschlußreiche Untersuchungen von René Spitz an Säuglingen in den ersten sechs Lebensmonaten erkennen lassen, in welchem Ausmaß die leib-seelische Entwicklung vom frühen Beginn an (anhaltend bis an unser Lebensende) von der Art mitmenschlicher Beziehungen abhängt, hier insbesondere von der mütterlichen Zuwendung. Spitz verglich zwei Gruppen von Säuglingen, die unter absolut gleich guten Ernährungs- und hygienischen Bedingungen aufwuchsen. Bei der ersten Gruppe von Waisenkindern beschränkte sich die menschliche Zuwendung aus-

schließlich auf das regelmäßige Füttern und Trockenlegen, also nur auf den hygienischen Dienst am Säugling, während in der anderen Gruppe die Mütter darüber hinaus noch mehrere Stunden täglich Gelegenheit bekamen, sich mit ihren Kindern zu beschäftigen; es handelte sich dabei um Gefängnisinsassinnen, die am Abend mit ihren Kindern zusammen sein durften. Bei der ersten Gruppe lag die Sterblichkeit der Säuglinge im ersten Lebensjahr bei über 50 Prozent; bei der zweiten in den für das Untersuchungsland normalen Grenzen von ca. 3 Prozent. Die moderne Psychologie würde in beiden Fällen vom „Reiz-Hunger" und von unzureichenden „Streicheleinheiten" sprechen, deren Mangel sich nicht nur im Säuglingsalter, sondern auch nicht minder im Berufsleben wie in der ehelichen Gemeinschaft gleichermaßen abträglich auswirkt.

Eric Berne zeigt in dem Bestseller „Spiele der Erwachsenen", einer Psychologie der menschlichen Beziehungen, hierzu interessante Zusammenhänge auf und berichtet von Tierversuchen an Ratten, bei denen experimentell nachgewiesen werden konnte, daß nicht nur die physische, geistige und emotionelle Entwicklung, sondern auch die biologischen Vorgänge im Gehirn und sogar die Widerstandsfähigkeit gegen Erkrankungen (Leukämie) dadurch günstig beeinflußt wurden, daß man sich mit den Tieren abgab.

Jene und andere Versuchsergebnisse lassen erkennen, daß es sich bei den Bedürfnissen um solche handelt, die durch den Sex, d.h. durch ein Eingehen auf das Triebleben allein, nicht erfüllt werden können, weil sie sich immer, und von vielen noch unerkannt, auf leib-seelischer Ebene abspielen.

Zugleich erhellen die vorausgegangenen Beobachtungen und Betrachtungen, daß das Thema der zwischenmenschlichen Beziehungen und im besonderen das Ich-Du-Verhältnis so umfassend und für unser Leben von derart zentraler Bedeutung sind, daß eine annähernd erschöpfende Beleuchtung jeweils nur von einer speziellen Warte, sei es aus religiöser, psychologischer oder medizinischer Sicht, erfolgen könnte.

Sinn einer allgemeinen Betrachtung kann es deshalb nur sein, Aspekte für die Lebensgemeinschaft zwischen Mann und Frau aufzuzeigen, „die heute der Ort ist, wo sich das Leben der meisten Menschen entscheidet." (Bovet)

Wandlung der Wahl

Mit der Partnerschaft werden die Weichen für jede Lebensgemeinschaft ohne Zweifel weitgehend gestellt. Die Gefahr, diese bedeutsame Entscheidung unter der Diktatur der Hormone zu treffen, wobei eine auf Fortpflanzung bedachte Natur die Partner sich gegenseitig in einem euphorischen Stadium betrachten läßt, ist nicht auszuschalten. Bestenfalls ist sie durch die zuvor umrissene Vorbereitung auf die Verantwortlichkeiten dieser Lebensphase einzuengen. Hinzu kommt, daß das körperliche Heranreifen der Jugendlichen in einer reizüberfluteten Gegenwart zunehmend früher erfolgt, während sich andererseits der psychologische Reifeprozeß ständig verzögert. Mit dem darauf zurückzuführenden Absinken des durchschnittlichen Heiratsalters vergrößert sich die Gefahr, daß die entscheidenden Phasen der Persönlichkeitsbildung zunehmend mehr in die Zeit fallen, in der die Ehe bereits geschlossen ist. Das ist letztlich die Ursache der in jüngster Zeit vielfach laut werdenden Forderung nach einer „Ehe auf Zeit", ohne daß dabei diskutable, verantwortungsbewußte Vorschläge für die gesunde geistige und seelische Entwicklung der Nachkommen und für deren wirtschaftliche Sicherstellung vorgebracht werden.

Wirklichkeitsnäher bleibt nach wie vor der Rat, die Möglichkeit einer längeren Probezeit während des Verlöbnisses zu nutzen, um den Partner mit seinen kleinen Fehlern und großen Schwächen kennenzulernen und festzustellen, ob einer lebenslangen Verbindung Aussicht auf Erfolg beschieden sein kann. Hinsichtlich des Zustandekommens von Ehen hat sich in den letzten hundertfünfzig bis zweihundert Jahren in unserem Kulturraum fraglos ein grundlegender Wandel vollzogen. Die Entscheidung in der Gattenwahl, die im Zeitalter einer vorherrschenden Agrarkultur vornehmlich eine Angelegenheit der Familie und der Kirche war, ist heute als Auswirkung der industriellen Revolution und der Emanzipation der Frau fast ausschließlich in die Hände der künftigen Ehepartner gelegt. An die Stelle der von „Haus und Hof" beeinträchtigten Überlegungen trat vornehmlich die persönliche Zuneigung. Im Übergangsstadium begriffene Nationen, beispielsweise China oder Indien, verfahren noch weitgehend nach dem alten Prinzip und dem Rezept, daß „die Ehe ein Reisgericht sei, das man mit kaltem Wasser ansetze und behutsam zum Kochen bringe". So überholt diese Anschauung anmutet, so unbestritten bleibt die Tatsache, daß die soziale Schichtung für die Wahl der Ehepartner von erheblicher Bedeutung ist. Verschiedenheiten der Bildung, des Berufes, des Einkommens, des Herkommens und des religiösen Bekenntnisses werden fast immer eine zunächst nicht zu übersehende, meist unterschätzte Rolle für die Gestaltung und die Bewältigung des gemeinsamen Lebens spielen.

In Anbetracht der historischen Entwicklung verbleibt der auf die Partnerwahl jetzt weniger einflußreichen Familie heute in erhöhtem Maße die erzieherische Aufgabe einer angemessenen Vorbereitung auf die Ehe:

„Der Knabe soll im Laufe seiner Entwicklung lernen, ein Mann zu werden, seine Männlichkeit bejahen zu können und die in ihm angelegte überwiegende Richtung seiner im weitesten Sinne gegebenen sexuellen Anlagen einem diesen inneren Zielen entsprechenden Partner zuzuwenden. Genauso erwarten wir vom Mädchen, daß es in seiner Entwicklung zur Frau wird und dabei lernt, seine Weiblichkeit so zu entfalten, daß ihm ein männlicher Partner in der jeweils spezifischen Mischung seines Wesens zuwächst. Diese Partnerschaft soll nicht nur gegenseitige Wünsche nach Befriedigung verschiedenster Art erfüllen, sondern auch beiden Partnern eine ihrem Alter entsprechende Reifung und eine sich fortschreitend wandelnde Entwicklung ermöglichen." (Tobias Brocher)

Gelingt dies auch nur annähernd, so verbleiben noch genügend Hindernisse, die im Stadium einer lebenslangen, auf den Partner bedachten Anpassung und später in der gemeinsamen Verantwortung für die Nachkommenschaft zu überwinden sind.

Die Anatomie ist das Schicksal

Ein gutes Teil davon liegt in den Wesensunterschieden verborgen, von denen Freud sagt, daß die Anatomie bereits das Schicksal sei. In den „Hinterlassenen Papieren eines lachenden Philosophen" behauptet Julius Weber, daß die Frau immer eine Fiber mehr im Herzen habe, aus der die anerkannten Tugenden Mitleid, Gutmütigkeit und Kinderliebe kommen; und Nestroy fügt hinzu, daß an den Weibern alles Herz sei, selbst der Kopf.

Im Grunde geht es nicht nur um die gegenseitige Angleichung, sondern vielmehr um eine Ergänzung der naturgewollten gegensätzlichen Eigenschaften.

Für die Erfüllung ihrer speziellen Aufgabe, das Kind und seine Erziehung, bringt die Frau ein natürliches Verhältnis zu allem Lebenden, Beseelten und als Ganzes Gewachsenen mit. Im Gegensatz zu ihr hat der Mann, der die Familie zu ernähren und zu beschützen hat, einen besonders ausgeprägten Sinn für die unbelebten, beliebig teilbaren und zusammensetzbaren Dinge. Dem auf das „Bestehende" ausgerichteten fraulichen Wesen steht die männliche Neigung zur Erneuerung und Verbesserung veranlagungsgemäß gegenüber. Von Natur aus instinktsicherer und erdgebundener steht die Frau dem aus dem Gewohnten herausstrebenden, schöpferischer veranlagten Partner unbewußt lebenslang als Antipode gegenüber. Die Psychologie belehrt uns darüber hinaus, daß wir bei der Wahl nicht nur den anderen Partner mit individueller Note suchen, sondern zugleich eine Projektion von Bildern, die wir mit unserem „Eltern- und Kindheits-Ich" in unserer Seele tragen. Sei es, daß wir instinktiv die Ergänzung fehlender persönlicher Eigenschaften suchen, daß die Frau Wesenszüge des Vaters auf den künftigen Lebensgefährten überträgt oder der Mann bei seiner Frau Charaktereigenschaften der Mutter oder Schwester wiederzufinden glaubt und später resigniert feststellt, daß er ein Wesen eigener

Prägung geheiratet hat, das naturnotwendigerweise keiner solchen Projektion entsprechen kann.
André Gide, der in seinen mit dem Nobelpreis ausgezeichneten Werken unsere Probleme und Lebensbedingungen mit furchtloser Wahrheitsliebe und gestützt auf psychologische Erkenntnis behandelt, glaubt, „daß dies der Grund zu grausamen Enttäuschungen sowohl in der Freundschaft wie in der Liebe ist: den anderen nicht von vornherein so zu sehen, wie er ist, sondern sich anfangs eine Art Abgott aus ihm zu machen und ihm späterhin zu verübeln, daß er das nicht ist; als ob der andere etwas dafür könnte."
An anderer Stelle fährt Gide fort: „ Das Wesen der menschlichen Liebe ist es, uns blind zu machen sowohl für uns selbst wie auch für die Fehler des Geschöpfes, das wir lieben; diese Unterordnung, die ich an E. bewunderte, ich konnte (und wir beide konnten) sie anfänglich für eine natürliche Eigenschaft halten, während sie nur der Liebe zu verdanken war."

Die Gefährtenehe

Das Stadium der Ehe, in dem man den Partner nicht mehr im „Profil" sieht, sondern ihm von Angesicht zu Angesicht gegenübersteht, bleibt niemandem erspart, „das ist eine Erfahrung, die eine Zeitlang alle jungen Ehen erschüttert" (Chardonne).
Wie immer man auch diesen Zeitraum der ersten Begegnung betrachtet, bleibt er doch die Phase, in der jeder über sich hinauswächst und in welcher uns eine Ahnung von dem ergreift, was wir sein könnten, wobei der Wunsch, dem anderen in der Beglückung nicht nachzustehen, uns wechselseitig glücklich macht. Jene, auf die erste Zeit der Liebe beschränkte Einschätzung und gegenseitige „Unterordnung" soll in der Ehe durch liebevolle Klarheit ersetzt werden, die an dem Ehepartner die vorhandenen Tugenden erkennt und für seine Fehler Verständnis hat. André Maurois geht in seinen „Zehn Geboten für die glückliche Ehe" darüber

hinaus und fordert, daß man von dem Menschen, den man liebt, nicht verlangt, daß er unseren Idealen vollkommen entspricht, sondern vielmehr seine Idealvorstellungen nach dem geliebten Menschen bildet. Wo dies nicht hinreichend geschieht, wird es nicht zuletzt auch wegen der aufgezeigten Wesensunterschiede zwangsläufig zu jenen Machtkämpfen um Positionen kommen, die viele Lebensgemeinschaften unheilvoll belasten. Die Gefahr solcher Positionskämpfe ist insbesondere dann gegeben, wenn die Partner nicht gewillt oder fähig sind, die jedem naturgemäß zustehende Rolle zu übernehmen und sich damit zu bescheiden. Für den Mann ist es in erster Linie die Führung und die Verantwortung für das Wohl der Familie; die Frau sollte ihre Erfüllung darin finden, das gemeinsame Heim als die ihr anvertraute Welt zu betrachten. Ihre Aufgabe ist um so bedeutsamer, als man verbreiteten Befürchtungen gegenüber feststellen kann, daß die Institution der Ehe nicht den zersetzenden Begleiterscheinungen der soziologischen Entwicklung unserer Gesellschaft unterliegt, sondern sich im Gegenteil – nach Professor Schelsky – als ein „Stabilitätsrest in unserer Gesellschaftskrise bewährt hat".
Die in der Industriegesellschaft verstreut arbeitenden Familienmitglieder finden nur im Heim, dessen ruhender Pol die Frau ist, ihren natürlichen Konzentrationspunkt. So betrachtet kommen auf die Hausfrau – als Frau des Hauses – weit größere Aufgaben zu, als die „Hausbesorgung": ihre Bildung setzt voraus, daß sie fähig ist, auf allen Stufen der Entwicklung die Ausbildung und Erziehung der Kinder zu fördern und zusammen mit dem Mann das gemeinsame Leben zu meistern. In dem Maße, in dem die patriarchalische Form der Ehe von einst an Gewicht verliert, entwickelt sich die „Gefährtenehe" als eine den neuen Zeitumständen angepaßte Form.

„Mine Fru" hat diese große Sache geleistet

Das beiden gesellschaftlichen Entwicklungsstufen Gemeinsame bleibt das unverbrüchliche Zusammengehörigkeitsgefühl und das Zusammenstehen in diesem an Gefahren aller Art nicht sparsamen Leben. Rührend und von einem gehörigen Schuß Humor und Wahrheit zeugend nimmt sich in diesem Zusammenhang die Äußerung Fontanes über seine Frau aus:
„Du hast Glück gehabt", sagte meine Mutter nach meiner Verlobung, „sie hat genau die Eigenschaften, die für dich passen." Mit diesen Worten hatte meine Mutter es wundervoll getroffen. Es kommt nicht darauf an, daß irgend etwas, oder wohl gar alles auf einer Musterhöhe wandelt, es kommt auf das „Zueinanderpassen" an, und wenn man sich auf diesen Punkt hin nicht verrechnet, so wird man glücklich. Auch das ist richtig, daß das gegenseitige Sichhelfen eine große Rolle spielt. In dieser Beziehung ist mir immer die Geschichte vom „Swinegel un sine Fru" als Musterstück niederdeutscher Weisheit und Poesie erschienen. Mancher wird die Geschichte kennen, mancher nicht. Und so sei sie denn auf gut Glück hin hier erzählt: Ein Swinegel und ein Hase kamen in einen Streit, wer am besten laufen könne. Die Sache sollte auf einem gepflügten Ackerfeld, wo die Furchen nebeneinander laufen, ausgefochten werden, und der Hase hielt sich natürlich seines Sieges sicher. Swinegel aber bestimmte „sine Fru", sich an der entgegengesetzten Seite der ihm zubestimmten Ackerfurche zu verstecken, und als der Hase drüben ankam, erhob sich Swinegels Fru bereits aus der benachbarten Ackerfurche und sagte ruhig: „ick bin all hier."
„Nochmal", sagte der Hase und jagte wieder zurück. Aber als er ankam, erhob sich der an seinem Platz verbliebene männliche Swinegel und sagte nun seinerseits: „ick bin all hier." Siebenmal jagte der Hase so wie ein Wahnsinniger die Furche auf und ab; da endlich war es um ihn geschehen und er fiel tot um. Swinegel

un sine Fru aber, von denen keiner auch nur einen Schritt gelaufen war, hatten gesiegt und waren guter Dinge. Darin ist das Musterstück einer guten Ehe vorgezeichnet, allerdings mit einem starken Beisatz von Pfiffigkeit und beinah Niederträchtigkeit. Und um dieses Beisatzes willen muß ich einräumen, daß „Swinegel un sine Fru" beträchtlich über mein Ideal hinausgehn. Aber dabei muß ich bleiben, ein anständiges Sichhelfen, mit guter Rollenverteilung, bedeutet viel in der Ehe, und „mine Fru" hat diese große Sache geleistet.

Eine anschaulichere Definition und eine dankbarere Würdigung läßt sich kaum vorstellen. Man sieht förmlich, wie so manche Versuchung, Unbill und „Hasenfüßigkeit" wirkungslos abprallen, wenn sie es mit dem Bollwerk dieser Gemeinschaft zu tun haben.

Die Liebe lebt von Kleinigkeiten

Zumeist sind es nicht die schwerwiegenden Probleme, von denen die Gefahren für die Ehe drohen, vielmehr sind es die täglichen Gewohnheiten und die kleinen Angewohnheiten, die zusammen mit dem Zahn der Zeit an den Wurzeln des Gemeinschaftsgefühls nagen. Publikationen aller Art in Zeitungen, Illustrierten und Magazinen lassen es nicht an guten Ratschlägen fehlen. Der Katalog der Empfehlungen reicht von der Erinnerung an den Blumenstrauß anläßlich kleiner oder größerer Gedenktage für ihn bis zur Warnung vor dem leichtfertigen Umgang mit desillusionierenden Lokkenwicklern für sie. Nützlich können alle derartigen Anregungen nur dann sein, wenn sie auf die angeborene oder anerzogene Ritterlichkeit und den Willen zur Selbstdisziplin der Partner stoßen.
Zu Recht unterstreicht Fontane, „daß die Liebe von den liebenswürdigen Kleinigkeiten lebt" und Stendhal beklagt, daß eine Frau wohl imstande sei, ihr Leben für den Geliebten aufs Spiel zu setzen, andererseits oft nicht umhin könne, sich unbedeutender Kleinigkeiten wegen zu entzweien. Daß es bei emotionell betonten Wesen dabei nicht immer logisch zugeht, liegt in der Natur der Sache. Anstatt sich zu grämen, sollte man zuweilen darüber eher lachen, wie über jenes Ehepaar, das zum dritten Male auf der Parkplatzsuche vergeblich um denselben Häuserblock fuhr, worauf sie auf seinen Stoßseufzer, daß nichts zu machen wäre, weil alle Plätze besetzt seien, herausplatzte: „Das ist wieder einmal typisch. Alle finden einen Parkplatz, bloß du nicht."
Oscar Wilde fragt deshalb nicht grundlos, wie man von einer Frau erwarten könne, daß sie mit einem Mann glücklich wird, der sie durchaus ausschließlich als ein vollkommen vernünftiges Wesen behandeln wolle. Jean Paul liegt mit seinem Hinweis nicht weit entfernt davon: daß Kleider für das schöne Geschlecht das seien, was dem männlichen seine Gedanken, daß

der Kleiderschrank der Bibliothek und das Ankleidezimmer der Studierstube vergleichbar wären.
Um über kleine Mißstimmungen und Mißhelligkeiten hinwegzukommen, ist ein wenig Humor und ein nachsichtiges Lächeln allemal für die Beteiligten eine gute Hilfe, für die Klärung ernsthafter Probleme ist es die Haltung, mit der sich beide zur rechten Stunde um eine objektive Lösung bemühen. Zu Auseinandersetzungen muß es unvermeidlich kommen, bevor zwei Menschen zu einer wirklichen Einheit zusammenwachsen – und zuweilen geht es dabei je nach Temperament so hitzig zu wie beim Verschmelzen von Metallen zu einer höherwertigen Legierung.

Trauung kommt von Vertrauen

Alte Weisheit, von der unsere Sprache Zeugnis gibt, setzt an den Anfang der Ehe die „Trauung", in der das Wort Vertrauen steckt, jene Gläubigkeit und Zutraulichkeit, mit der ein Paar am Beginn des gemeinsamen Lebens das eigene Schicksal dem anderen anvertraut. Es entspricht durchaus einer normalen Entwicklung, daß sich das anfängliche Ausmaß des Vertrauens in die Fähigkeiten und Eigenschaften des anderen mit der Zeit von selbst der Realität anpaßt. Im Kern unberührt davon sollte jedoch das Vertrauen in das absolute Zusammengehörigkeitsgefühl beider Lebensgefährten über alle Gefühlsschwankungen hinaus bleiben. Trotz aller Vorsätze und Bemühungen kommt es dennoch in zahlreichen Ehen zur Vertrauenskrise, von denen ein Teil mit der Auflösung der Gemeinschaft endet.
Die Erfahrung, daß die Zerrüttung der Ehe nicht immer, sondern nur etwa in einem von zwanzig Fällen auf wirklichen Ehebruch zurückzuführen ist, weist darauf hin, daß Untreue und Entfremdung auf verschiedene Ursachen zurückzuführen sind und daß zumeist beide Partner – wenn auch oft uneingestanden – ihren Anteil daran haben. Eine Frau, die unberechtigt

an der Verläßlichkeit ihres verspätet heimkehrenden Mannes zweifelt oder an seinem begrenzten Einkommen Kritik übt, bricht ebenso das gemeinsame Gelöbnis von Treu und Glauben wie der Mann, der Schwächen seiner Frau öffentlich preisgibt, über seine Arbeit die Familie bewußt vernachlässigt oder sich nicht aus einer der Ehe abträglichen Bindung zu seiner Mutter lösen kann.

Glückliche Partner haben kein Gedächtnis

Es ist ein verhängnisvoller Irrtum, anzunehmen, daß ein Mensch, der wirklich liebt, niemals für die Reize eines anderen unempfänglich sei. Wissenschaftliche Untersuchungen bestätigen, daß die meisten Männer und Frauen polyerotisch veranlagt sind, das bedeutet, daß ihr Begehren von Natur aus nicht auf einen einzigen Partner ausgerichtet sein muß. Ehepartner, die sich treu bleiben, tun es in der Regel nicht, weil keine Anziehungen von anderer Seite auf sie zukommen, sondern weil eine gereifte Persönlichkeit ihnen hilft, der Versuchung oder der Gelegenheit zu widerstehen. In Fällen, in denen Eheleute einen Ausweg in flüchtigen Zuwendungen zu anderen Partnern suchen, geht es nicht ohne die ernüchternde Erkenntnis ab, daß die Vereinigung ohne Liebe und Achtung vor dem anderen Selbstbetrug bleibt.
Einer im Lebenskampf gewachsenen Gemeinschaft wird es möglich sein, auch diese schwere Form der Belastungsprobe zu überstehen; manche Ehepaare haben erfahren dürfen, daß die damit verbundenen schmerzlichen Belastungen letzten Endes zu einer Vertiefung des gegenseitigen Verstehens führten.
Nachdem die Verwirklichung der Gleichberechtigung der Geschlechter einem überhitzten Ehrgefühl und einem überholten „Besitzdenken" den Boden entzog, haben sich für die Betrachtung dieser Zusammenhänge andere, objektivere Perspektiven für beide Geschlechter ergeben. Eheliche Verwicklungen, die dem Roman

des 19. Jahrhunderts reichlich Stoff gaben, dürfen heute nicht mehr mit der Resonanz rechnen, die zum Beispiel Fontanes „Effie Briest" noch beschieden war. Ohne Zweifel gehört dennoch eine gehörige Portion Kraft und Einsicht dazu, verletzte Eitelkeit zu überwinden, den Anteil eigener Mitschuld zuzugeben und schließlich die Reife, nicht nur zu verzeihen, sondern auch zu vergessen. Wem das nicht gegeben ist, dem fehlt eine Voraussetzung für eine glückliche Ehe. „Der glückliche Mann und die glückliche Frau", so sagt man, „haben kein Gedächtnis."

Der Preis der inneren Formung

Keine Lebensgemeinschaft ist frei von kritischen Perioden. Erfahrungsgemäß folgt auf die schwierige Zeit der Anpassung die nächste bei der Geburt des ersten Kindes, und eine andere, wenn die Familie so groß wird, daß sie für den Vater zu einem wirtschaftlichen Problem und für die Mutter ein übermäßige Arbeitslast wird. Schließlich erfordert die letzte Lebensspanne, wenn die Kinder auf eigenen Füßen stehen und die Partner wieder mehr aufeinander angewiesen sind, abermals eine Umstellung.
Lebensgefährten, die miteinander diese Stadien mit ihren unterschiedlichen Belastungen und Prüfungen gemeistert haben, wurden unmerklich in der Stille gewandelt und geläutert, der letzte Sinn der Ehe, der in der „gegenseitigen inneren Formung" der Eheleute liegt, hat sich vollzogen. Gemeinsam gehen sie in ihren Lebensabend mit dem Wissen:
„Die Liebe beherrscht die ganze Geschlechtlichkeit und Gott beherrscht die ganze Liebe." (Bovet)

Bilder und Aphorismen

Liebe ist der Anfang alles Wissens	34
Die Liebe hat kein Maß der Zeit	36
Habe Deine Augen offen	38
Güte ist das erste Gut der Frauen	40
Ein Mann hat dazwischen zu tun	42
Das Weib sieht tief, der Mann sieht weit	44
Der ersten Liebe goldene Zeit	46
Zuneigung allein ist nicht genug	48
Die Ehe ist das Höchste in der Menschen Leben	50
Einer muß dem anderen dienen	52
Vertrauen und Achtung sind die Grundpfeiler	54
Ich würde der Mann nicht geworden sein	56
Die Liebe lebt von Kleinigkeiten	58
Daraus kommt manche gute Klärung	60
Nichts fällt schwer, wenn man wahrhaft liebt	62
Treue wohnt für sich allein	64
Da draußen mag es stürmen	66
Die Familie ist das Vaterland des Herzens	68
Die Freude der Eltern	70
Später liebt die Seele ganz allein	72
Ich habe dir nicht gedankt	74
Und wenn ich achtzig Jahre zählen werde	76

Liebe ist der Anfang allen Wissens

*Wunder gibt es, deren Wirken
nie zu Ende wird geschrieben;
Menschengeist mit seinem Forschen,
Menschenherz mit seinem Lieben.*
Friedrich Wilhelm Weber

*Liebe ist der Anfang allen Wissens:
wie Feuer der Anfang allen Lichtes.*
Thomas Carlyle

*Wo keine Liebe ist, ist auch keine Wahrheit.
Und nur der ist etwas, der etwas liebt.*
Ludwig Feuerbach

Ja – eine Sonne ist der Mensch, allsehend, allverklärend, wenn er liebt – und liebt er nicht, so ist er eine dunkle Wohnung, wo ein rauchend Lämpchen brennt.
Friedrich Hölderlin

Römisches Doppelporträt
Wandgemälde aus Pompeji

Die Liebe hat kein Maß der Zeit

*Verwandte Seelen knüpft der Augenblick
des ersten Sehn's mit diamantnen Banden.*
                                William Shakespeare

*Die Liebe hat kein Maß der Zeit;
sie keimt und blüht und
reift in einer schönen Stunde.*
                                Theodor Körner

Ist eine Liebe langsam und allmählich entstanden, dann wird sie auch lange nicht vergehen. Ist sie gleich einem Blitze entflammt, dann mag es sein, daß sie auch rasch wie dieser wieder entschwindet.
                                Ugo Foscolo

Man darf die Liebe der jungen Eheleute, die körperlicher Reiz und Schönheit heftig auflodern lassen, nicht für ausreichend und zuverlässig halten, wenn sie sich nicht auf den Charakter gründet und durch Teilnahme am Denken eine lebensvolle Haltung annimmt.
                                Plutarch

Schachspielendes Paar
1334

Habe Deine Augen offen

*Durch das Vergrößerungsglas
betrachtet man die Vorzüge derer,
die man liebt, und die Fehler derer,
die man nicht liebt.* Johann Gottfried Herder

*Habe Deine Augen offen, bevor Du
heiratest, halb geschlossen nachher.*
Benjamin Franklin

*Wenn man liebt, täuscht man immer zuerst
sich und später andere.* Dorian Gray

*Der Charme ist das, was bleibt,
wenn alles andere vergeht.* Maurice Chevalier

Das Liebespaar
um 1470
Gemälde aus der Schwäbischen Schule

Güte ist das erste Gut der Frauen

*Beim Mädchen sieh, aus welchem
Stall sie kommt, beim Buben, wie er
reitet.*   Gerhard Hauptmann

*Das Weib muß man sich auserlesen
nach ihrer Schönheit, ihrem Wesen,
ob sie auf Anstand ist bedacht,
und nicht nach ihrer Kleiderpracht.*
                         Wolfram von Eschenbach

*Eine gute Frau muß die Augen immer auf-
haben, aber sie muß sie auch zuzumachen ver-
stehn, je nachdem. Sie muß alles sehen, aber
sie muß nicht alles sehen wollen.*
                              Theodor Fontane

Güte ist das erste und letzte Gut der Frauen.
                              Adalbert Stifter

Das Brautpaar
um 1525
Lorenzo Lotto
1480–1556

Ein Mann hat dazwischen zu tun

*Solang ein Weib liebt,
liebt es in einem fort –
ein Mann hat dazwischen zu tun.*   Jean Paul

*Der Mann ist leicht zu erforschen;
die Frau verrät ihr Geheimnis nicht.*

Immanuel Kant

*Der Mann freit, aber die
Entscheidung liegt beim Weib. Das
Weib fühlt sich als die Überwundene,
der Mann als Sieger, und doch beugt
sich der Sieger vor der Besiegten.*

Sören Kierkegaard

*Du sollst dir kein Ideal machen,
weder eines Engels im Himmel, noch
eines Helden aus einem Gedicht oder
Roman, noch eines selbstgeträumten
oder phantasierten, sondern du sollst
einen Mann lieben, wie er ist.*

Friedrich Schleiermacher

Venezianisches Liebespaar (Ausschnitt)
Paris Bordone
1500–1571
Pinacoteca di Brera, Mailand

Das Weib sieht tief, der Mann sieht weit

Schweig, Herz, damit der Verstand zu Wort kommt, sagt der Mann. Wenn mein Herz nicht spricht, dann schweigt auch mein Verstand, sagt die Frau. Marie von Ebner-Eschenbach

Das Weib sieht tief, der Mann sieht weit. Dem Manne ist die Welt das Herz, dem Weibe ist das Herz die Welt.
Christian Dietrich Grabbe

Nur das Weib weiß, was Liebe ist, in Wonne und Verzweiflung. Bei dem Manne bleibt sie zum Teil Phantasie, Stolz, Habsucht; das Weib wird durch den Kuß ganz Herz vom Scheitel bis zur Fußsohle. Da ist kein Fiber, kein Nerv, der nicht jubelte, oder – jammervoll zuckte.
Karl Immermann

Tonleiter der Liebe
Jean Antoine Watteau
1684–1721

Der ersten Liebe goldene Zeit

O! zarte Sehnsucht, süßes Hoffen,
Der ersten Liebe goldne Zeit,
Das Auge sieht den Himmel offen,
Es schwelgt das Herz in Seligkeit.
O! daß sie ewig grünen bliebe,
Die schöne Zeit der jungen Liebe.
Friedrich Schiller

Erst unter Kuß und Spiel
und Scherzen
erkennst du ganz, was Leben heißt;
O lerne denken mit dem Herzen,
und lerne fühlen mit dem Geist.
Theodor Fontane

Je höher die Liebe, desto voller umfaßt sie das
Wesen des andern, und eine große, reiche Seele
wird nur von einer reichen umfaßt. So ist der
Mensch nie mehr, als er Kraft hat zu lieben.
Wilhelm v. Humboldt

Begegnung
Temperagemälde, 1973
Uschi Presser-Saelzler, Mainz
Privatbesitz

Zuneigung allein ist nicht genug

Zuneigung allein ist nicht genug zum Heiraten; heiraten ist eine Sache für vernünftige Menschen. Theodor Fontane

Wenn einer nur heiratet, um eine schöne Frau sein eigen zu nennen, dann ist er nicht anders zu werten als einer, der für ein Linsengericht seine Erstgeburt verkauft. Mantegazza

Die starken Leidenschaften müssen biegen oder brechen. Sie erschlagen den Menschen, oder sie sterben selbst. Dorian Gray

Man bleibt furchtbar allein, wenn man in der Seele des andern nicht wie in seiner eigenen wohnen kann. Hoster

Der schüchterne Liebhaber
1884
G. Laupheimer

*Die Ehe ist das Höchste
in der Menschen Leben*

*Es gibt fünf Verwandtschaftsgrade: Bürger und
Staat, Eltern und Kind, Mann und Frau, Bruder und Bruder, Freund und Freund. Aber der
vornehmste ist der vom Mann zur Frau.*
Ding Fu Bau

*Die Ehe ist das Höchste in der
Menschen Leben, sie fordert die größte
innere Vollendung, sie gibt den
edelsten Kräften Raum, sie stellt
Göttergleiche dar, sie beweist, wie weit
eine Seele vom Materiellen sich
entbunden und zur geistigen
Selbständigkeit, zur Freiheit sich
erhoben habe.* Jeremias Gotthelf

*Die Ehe ist der Anfang und der
Gipfel aller Kultur. Sie macht den
Rohen mild, und der Gebildetste hat
keine bessere Gelegenheit, seine Milde
zu beweisen. Unauflöslich muß sie
sein, denn sie bringt so vieles Glück,
daß alles einzelne Unglück dagegen
nicht zu rechnen ist.*
Johann Wolfgang von Goethe

*Das stille, häusliche Glück ist darum das edelste,
weil wir es ununterbrochen genießen können;
geräuschvolles Vergnügen ist nur ein fremder
Gast, der uns mit Höflichkeit überschüttet, aber
kein bleibender Hausfreund.* Jean Paul

Paar im Café
Dietz Edzard
geb. 1893

Einer muß dem anderen dienen

Alles Glück der Ehe besteht im gegenseitigen Vertrauen und in gegenseitiger Zuvorkommenheit. Die tolle Liebe ist bald dahin – man muß einander achten, und eines muß dem anderen dienen, man muß wahre Freundschaft füreinander empfinden, um in einer Ehe glücklich zu leben.
                                         Maria Theresia

Der Mann gibt dem Hause und der Familie Namen und äußere Gestaltung; er vertritt das Haus nach außen. Durch die Frau aber werden die Sitten des Hauses erst lebendig; so haucht sie in der Tat dem Hause den Odem des Lebens ein. Die eigenste Weise des Hauses, sein individueller Charakter wird fast immer bestimmt durch die Frau.
                                         Wilhelm Riehl

Die Frau ist mächtiger durch ihren Einfluß als durch ihr unmittelbares Handeln, durch ihr Beispiel als durch ihre Ermahnungen, und oft durch ihr Schweigen als durch ihre Rede.
                                         Alexandre Vinet

Eins geb' euch Gott in Gnaden;
daß ihr werdet Kameraden!
Wer den Kameraden fand,
griff die Sonne mit der Hand!   Gorch Fock

Das Liebespaar
Auguste Renoir
1841–1919
Nationalgalerie Prag

Vertrauen und Achtung sind die
Grundpfeiler

Vertrauen und Achtung, das sind die beiden unzertrennlichen Grundpfeiler der Liebe, ohne welche sie nicht bestehen kann; denn ohne Achtung hat die Liebe keinen Wert und ohne Vertrauen keine Freude . . . Edler und besser sollen wir durch die Liebe werden.

Heinrich von Kleist

Erst durch die Ehe wird das Weib in eben dem Grade durch den Mann vollendet, wie der Mann durch das Weib. – Mann und Weib machen einen ganzen Menschen aus.

Theodor Gottlieb von Hippel

Die heilige Liebe strebt zu der höchsten Frucht gleicher Gesinnungen auf, gleicher Ansicht der Dinge, damit im harmonischen Anschau'n sich verbinde das Paar, finde die höhere Welt.

Johann Wolfgang von Goethe

Eine fixe Idee habe ich gehabt,
nämlich die, daß ich mein Glück
nur mir selbst verdanken wollte.
Ich bin radikal geheilt davon,
denn zu lebhaft empfind' ich's
jetzt, daß man gerade zum größten
Glück ein zweites Wesen nötig hat,
dem man's verdankt.

Johann Nepomuk Nestroy

Bildnis eines Ehepaares
um 1621
Frans Hals
1580/81–1666
Rijksmuseum Amsterdam

Ich würde der Mann nicht geworden sein

*Ich glaube, daß kein Mann jemals
ein rechtes Leben gelebt hat, der nicht
durch die Liebe einer Frau gebessert,
durch ihren Mut gestärkt und durch
die Weisheit ihres Herzens geführt
worden ist.* John Ruskin

*Alles, was ich bin, wurde ich durch
sie. Wenn ich irgend Ruhm und
Ansehen genieße, ich hätte sie nimmer
erreicht, wenn sie nicht durch ihre edle
Liebe das spärliche Talent,
das in mir schlummert, zum Blühen
gebracht hätte.* Francesco Petrarca

*Die Liebe kann dem Manne keine
neuen Gaben schenken, sie kann nur
die Gaben, mit denen er geboren wurde,
entwickeln und erhöhen.*

George Bernard Shaw

*Ich würde der Mann nicht geworden
sein, der ich doch bin, wenn mich das
Frauenzimmer nicht vollends
zugestutzt hätte.* Gotthold Ephraim Lessing

Die Abfahrt der Auswanderer
1855
Ford Madox Brown
1821–1893
City Museum and Art Gallery, Birmingham

Die Liebe lebt von Kleinigkeiten

Die Liebe lebt von liebenswürdigen Kleinigkeiten und wer sich eines Frauenherzens dauernd versichern will, der muß immer neu darum werben.
　　　　　　　　　　　　Theodor Fontane

*Die Liebe überwindet den Tod,
aber es kommt vor, daß eine kleine
üble Gewohnheit die Liebe überwindet.*
　　　　　　　　　　Marie von Ebner-Eschenbach

*Die Ehe muß immerfort ein Ungeheuer
bekämpfen, das alles verschlingt:
die Gewohnheit.*　　　Honoré de Balzac

*Aber es ist eine gar leidige Sache in
der Ehe, wenn jeder sich hinsetzt,
erwartungsvoll, daß ihn der andere
nun glücklich machen soll; es kann auf
diese Weise gar leicht dahin kommen,
daß beide allein und unbeglückt sitzen
bleiben.*　　　　　　Ottilie Wildermuth

Das Ehepaar Alfred Sisley
1868
Auguste Renoir
1841–1919
Wallraff-Richartz-Museum Köln

Daraus kommt manche gute Klärung

*Prüfstein für des Mannes wie des
Weibes Lebensart ist der Streit, denn
wenn die Dinge ihren glatten Weg
gehen, kann sich jeder anständig benehmen.*
George Bernard Shaw

*Eine Frau von hochherzigem Wesen
ist imstande, ihr Leben für den
Geliebten tausendmal aufs Spiel zu
setzen, und doch entzweit sie sich
mit ihm wegen einer Kleinigkeit.*
Henri Stendhal

*Die meisten Ehekriege kommen nicht
davon, daß man die Wahrheit sagt,
sondern daß man sie, unbekümmert um
jede Zeit, sogleich sagt.* Jean Paul

Es ist sehr gut, wenn man sich einmal mißversteht, daraus kommt manche gute Erklärung und man sieht erst, daß man recht einig ist.
Johann Wolfgang von Goethe

Der Ehevertrag
Henri Rousseau
1844–1910
Privatbesitz

Nichts fällt schwer, wenn man wahrhaft liebt

Nichts fällt schwer, wenn man wahrhaft liebt und seine Pflicht kennt, es ist das einzige Mittel, glücklich und zufrieden zu werden.
Maria Theresia

Die Menschen, denen wir eine Stütze sind, geben uns den Halt im Leben.
Marie von Ebner-Eschenbach

Ein rechter Mann muß in seiner Frau alle Frauen wiederfinden, wie die galanten Poeten des siebzehnten Jahrhunderts in ihren Manons bald eine Venus, bald eine Madonna sahen.
Honoré de Balzac

Wenn ein Mann sein Weib liebt, so ist sie ihm die Schönste und Liebste.
Martin Luther

Ehepaar
1965
Bele Bachem

Treue wohnt für sich allein

Liebe schwärmt auf allen Wegen,
Treue wohnt für sich allein;
Liebe kommt euch rasch entgegen,
Aufgesucht will Treue sein.
Johann Gottfried Herder

Die Treue eines schönen Herzens gleicht
dem reinen unbefleckten Schnee:
Gehst du darüber weg auch noch so leicht,
sein Glanz empfängt ein unvergänglich Weh.
Emanuel Geibel

Treue üben ist Tugend,
Treue erfahren Ehre.
Marie von Ebner-Eschenbach

Bei den Frauen Glück haben, bedeutet nichts,
durch eine Frau glücklich werden, alles!
Maximilian Bern

Familie
1918
Emil Nolde
1867–1958
Kunstmuseum Düsseldorf

Da draußen mag es stürmen

Daß zwei sich herzlich lieben,
gibt erst der Welt den Sinn,
macht sie erst rund und richtig
bis an die Sterne hin.
Daß zwei sich herzlich lieben,
ist nötiger als Brot,
ist nötiger als Leben
und spottet aller Not.
Daß zwei sich herzlich lieben,
ist aller Welt Beginn,
macht sie erst rund und richtig
bis an die Sterne hin. Hermann Claudius

Wir sind vereint, wir haben uns gefunden.
Da draußen mag es stürmen, wie es will.
Uns trennt es nicht; des Schicksals eh'rner
Wille bricht sich, wie Wellen sich an Felsen
brechen, am festen Glauben eines treuen Paars.
Was ewig ist, wie unsre reine Liebe,
das geht nicht unter mit dem Sturm der Zeit.
                                        Theodor Körner

Das ist ja eben der höchste Segen der Ehe,
daß sie die Bürde des Lebens erleichtert,
weil sie die Tragkraft verdoppelt.
                                        Louise v. Francois

So komme, was da kommen mag!
Solang du lebst, ist es Tag.
Und geht es in die Welt hinaus,
Wo du mir bist, bin ich zu Haus.
Ich seh dein liebes Angesicht,
Ich sehe die Schatten der Zukunft nicht.
                                        Theodor Storm

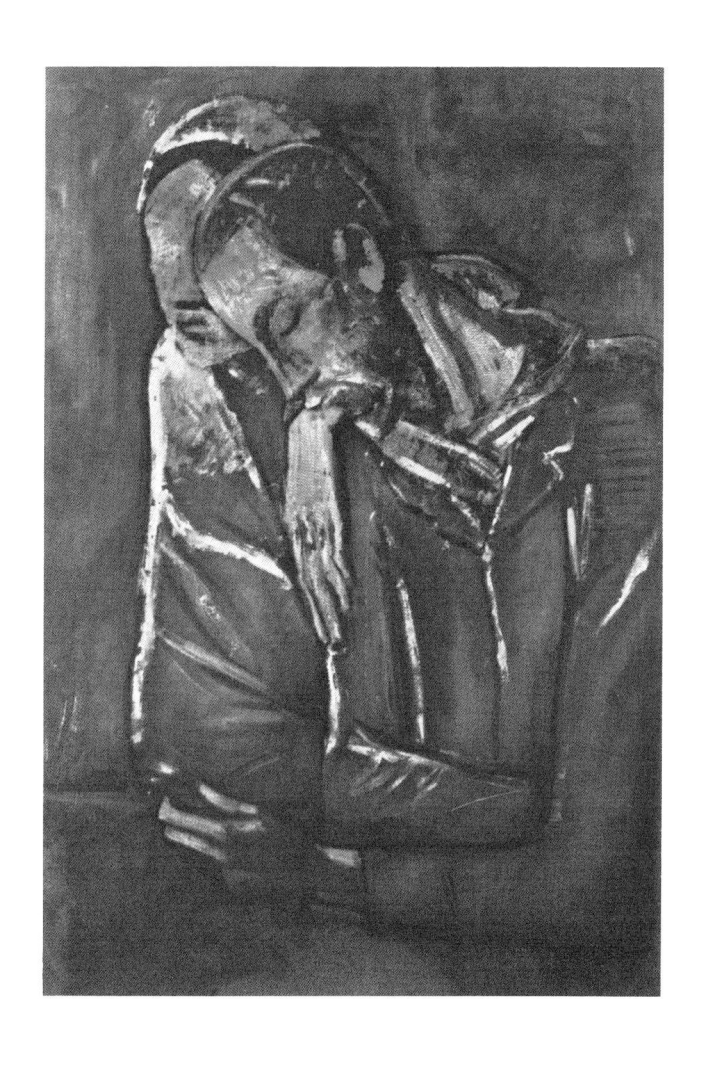

Das Paar
Pablo Picasso
1881–1973
Privatbesitz, Ascona

Die Familie ist das Vaterland des Herzens

Die Familie ist das Vaterland des Herzens.
Giuseppe Mazzini

Ein glückliches Familienleben zwischen Mann und Weib und ihren Kindern ist der Treffer unseres Daseins. Auf ihm beruht der Staat, die Sittlichkeit, die Ruhe, und, im großen ganzen unsere körperliche und geistige Gesundheit.
Detlev von Liliencron

Es scheint, daß die Natur Sorge getragen habe, den kurzen flüchtigen Genuß der Liebe mit einer Gabe zu ersetzen und zu belohnen, die sie unmittelbar aus ihrem Schoße nahm, ja in der auch das geringste lebendige Geschöpf eines Funkens der Gottheit gewürdigt werden sollte; es ist die Elternzärtlichkeit, die väterliche und mütterliche Liebe. Sie ist göttlich, denn sie ist uneigennützig und sehr oft ohne Dank. Sie ist himmlisch, denn sie kann sich auch in viele zerteilen und bleibt immer ganz, immer ungeteilt und neidlos. Johann Gottfried Herder

Glückliche Ehen sind die Feste des Staates und das Palladium der Menschheit.
Glückliche Ehen sind das trefflichste Bildungsmittel des menschlichen Herzens. Aus dem Schoße glücklicher Familien geht die veredelte Generation hervor. Franz Ehrenberg

Die Eltern des Künstlers mit den Enkeln
1806
Philipp Otto Runge
1777–1810
Kunsthalle Hamburg

Die Freude der Eltern

*Die Freude der Eltern über ihre
Kinder ist die heiligste Freude
der Menschheit.*   Heinrich Pestalozzi

*Die Mütter geben unserem Geiste
Wärme, die Väter Licht.*   Jean Paul

*Eltern sein heißt nichts als den Weg
bereiten und Pfosten und Pfeiler
gründen, darauf der Nachfahren Bau
wachsen soll.*   Erwin Guido Kolbenheyer

*Die Harmonie der Eltern und die
Einheitlichkeit in der Erziehung
sind unerläßliche Voraussetzungen
für eine gesunde Entwicklung des
Kindes.*   Paul Schmid

Die Gauklerfamilie
Honoré Daumier
1808–1879

Später liebt die Seele ganz allein

*Die Liebe, wenn sie neu, braust wie
ein junger Wein:
Je mehr sie alt und klar, je stiller wird
sie sein.*
                                    Angelus Silesius

*Welch ein Irrtum zu glauben, die
Leidenschaften seien am stärksten in
der Jugend! Die Leidenschaften sind
nicht stärker, aber ihre Beherrschung
ist schwächer. Sie werden leichter
erregt – sie sind heftiger und leichter
sichtbar – aber sie haben weniger
nachhaltige Kraft als in reiferen Jahren.*
                                    Emile Zola

*In der Jugend ist die Liebe
stürmischer, aber nicht so stark, so
allmächtig wie später. Auch ist sie
in der Jugend nicht so dauernd, denn
der Leib liebt mit, lechzt nach
leiblichen Offenbarungen in der Liebe
und leiht der Seele alles Ungestüm
seines Blutes, die Überfülle seiner
Sehnkraft. Später, wo diese aufhört,
wo das Blut langsamer in den Adern
sintert, wo der Leib nicht mehr verliebt
ist, liebt die Seele ganz allein, die
unsterbliche Seele.*   Heinrich Heine

Das alte Paar
1882
Vincent van Gogh
1853–1890

Ich habe dir nicht gedankt

*Ich habe dir nicht gedankt für die
gemachten Betten, die gefegten
Zimmer, die Wäschen, die geröteten
Hände und durchlöcherten Handschuhe
und den Küchengeruch in den Haaren –
alles das, was du mir gegeben hast,
als du mich nahmst, mir zu folgen.*
Jean Anouilh

*. . . und ich bin noch nicht an das
Ende meines Glückes gekommen.
Denn mein Mann ist noch immer ein
zauberhaftes Geheimnis für mich
jenseits der Bezirke, die ich erschlossen
und mir zu eigen gemacht habe.*
Sophia Hawthorne

*Trotz aller Nöte weiß ich unter
tausend Ehen keine zu nennen, in der
Mann und Frau so fest verschmolzen
sind. Je länger wir uns angehören,
um so mehr lieben und achten wir
einander. Ich betrachte mich als die
glücklichste aller Frauen.*
Anna Snitkina Dostojewskij

*Meine größte Leistung war, daß ich
meine Frau zu überreden wußte, mich
zu heiraten. Es wäre für mich unmöglich
gewesen, durch all das hindurch zu
kommen, was ich durchgemacht habe,
ohne ihren Mut und ihre Hilfe. Das
an Freuden reichste Erlebnis meines
Lebens war meine Ehe.*
Winston Churchill

Mann und Frau in Betrachtung des Mondes
Caspar David Friedrich
1774–1840
Nationalgalerie Berlin

Und wenn ich achtzig Jahre zählen werde

Und wenn ich achtzig Jahre zählen werde, so wird ein weißes Haar vom Haupte der geliebten Frau mich mehr erzittern machen als der dichteste blonde Zopf des allerschönsten jungen Hauptes.
George Bernard Shaw

Auch im Alter fährt man fort, den Menschen zu lieben, den man einst im Strahlenglanz der Schönheit und in heißem Begehren geliebt hat. Sein Bild ist in unserem Herzen gemalt, von unserer Phantasie geformt und steht nun jenseits aller physischen Bedingungen und Grenzen in seiner idealen Gestalt vor den Augen des Herzens. Es ist dem Wandel des Kreatürlichen entrückt, es bleibt sich diesem Wandel zum Trotz wundersam gleich. Im Schutze einer Zauberformel gleichsam besteht es unberührt so lange fort, wie das geliebte Wesen irgend lebt und atmet.
Benedetto Croce

Schließe mir die Augen beide
Mit den lieben Händen zu!
Geht doch alles, was ich leide
Unter deiner Hand zur Ruh'.
Und wie leise sich der Schmerz
Well' um Welle schlafen leget,
Wie der letzte Schlag sich reget,
Füllest du mein ganzes Herz.
Theodor Storm

Vom Garten der Ehe

Aus Tanz und Traum wuchs der hohe Entschluß, Hand in Hand in den Garten der Ehe zu schreiten, der nicht im Blühen sich erschöpft, sondern dem aufgetragen ist, Frucht zu bringen; nicht wahl- und willenlos, sondern streng und geordnet nach den Gesetzen von Himmel und Erde, von Regen und Sonne und Wind unter dem Atem Gottes.
Wie jeder Knospe in der Blüte schon die Frucht verheißen ist, so ist jedem von euch ein Leben anvertraut. Aber bedenkt, daß keiner allein alles erfüllen kann: Erst ihr beiden geht in der hohen Stunde eures Wesens einander in die Erfüllung. Einem jeglichen von Euch ist es gegeben, die eingeborenen Kräfte des anderen zu wecken, zu entfalten und zu köstlicher Reife zu bringen.
Wird auch die erste Zeit viel Kraft von euch fordern, eurem Ehegarten Weg und Gestalt zu geben, so sollt ihr darüber hinaus doch nicht vergessen, daß ihr hinter dichten Hecken in stiller Liebe euch genügen dürft. Hütet die guten Kräfte aus der Tiefe und bringt eurem Volke die Früchte eures Gartens dar! Schenkt ihm das ewige Leben, das euch als Leben anvertraut ist über eine kleine Spanne Zeit, schenkt es ihm in euren Kindern!
Mit dem jungen Reis, das im Garten eurer Ehe Wurzeln schlägt und aufgrünt, wird eure Arbeit wohl schwerer, aber euer Leben auch reicher und schöner; und was ihr an Mühe verschenkt, das wächst euch an Liebe doppelt zu.
Der Garten eurer Ehe gibt euch Arbeit und Freude zu gleichen Teilen. Bedenkt, daß die Früchte zum Reifen nicht nur der Sonne bedürfen, sondern daß auch der Regen in das Wurzelwerk rinnen, daß der Sturm dürres und morsches Astwerk aus den Wipfeln fegen muß, daß der Herbstwind die Zweige entlauben und der Winterschnee die neue Saat zudecken muß. Laßt sie ruhig heraufziehen, die dunklen Wolken, laßt den Regen prasseln und den Wind brausen – aber hinter-

her laßt alles wieder so blank und klar und frisch sein wie ein heller Morgen nach der Gewitternacht. Laßt den Frost klirren, das Ungeziefer zu tilgen, laßt den Sturm die Wipfel zur Erde biegen, die sich nachher um so stolzer recken. Und sollte einmal der Schnee notschwer auf dem Astwerk lasten, daß es zu brechen droht – seht auf den Weidenbaum: sanft gibt er nach, um der Last frei zu werden. Spürt Gottes Atem in allen Dingen: im hellen Frühlingslied, in der Sommerstille heimlichen Reifens, in der schenkenden Fülle des Herbstes in der barschen Winterwelt, wo unter glitzerndem Schnee und funkelnden Sternen ein neues Jahr zu keimen anhebt.

Die Pforte tut sich auf, Hand in Hand geht ihr hinein in den Garten der Ehe. Er fordert fröhliche Herzen, schaffende Hände und einen tiefen Glauben. Er schenkt euch das Leben in all seiner Fülle. So tretet ein in den Garten der Ehe und grabt euch mit eigenen Händen das Glück aus der Erde.

Thilo Scheller

Der erste Namensträger, von dem bekannt wurde, daß er sich literarisch betätigte, war Jakob Schwieger, der als „Filidor der Dorfferer" den dreißigjährigen Krieg überstand und von 1654 bis 1667 poetische Sammlungen herausgab. Seitdem vergingen dreihundert Jahre, in denen die Nachkommen profanen Berufen nachgingen: Ackerbürger, Handwerker und Kaufleute. So auch der 1913 in Berlin geborene Heinz G. Schwieger, der zunächst als Papierfachmann ausgebildet wurde, später Druck und Werbung studierte. Bedingt durch die Verhältnisse nach dem Kriege, durchlief er 1945 nochmals im Zeitraffer die Berufe der Vorfahren; er wurde Landarbeiter, Schweinemeister, Schäfer, Fleischbeschauer und interemistischer Bürgermeister einer kleinen Gemeinde im Mecklenburgischen. 1950 folgte für 25 Jahre eine selbständige Tätigkeit als Unternehmensberater namhafter Unternehmen.
Während einer durch Krankheit bedingten Arbeitspause schrieb er 1956 die Betrachtung „Des Menschen Engel ist die Zeit", von der 5.000 Exemplare von einem Konzern als Präsent zum Jahreswechsel verschenkt wurden. Der überraschende Widerhall dieser Aufmerksamkeit veranlaßte die Geschäftsleitung, ihn damit zu beauftragen, jährlich eine Betrachtung exclusiv für dieses Unternehmen herauszugeben. So entstand die Blaue Reihe, die nicht den Ehrgeiz hat, „Literatur" zu sein, sondern vornehmlich eine Lebenshilfe geben möchte in einer Zeit, in der man nach Richtpunkten Ausschau hält. Die Zuschriften lassen erkennen, daß diese Absicht verstanden wird.

Die blaue Reihe

Ein liebenswürdiges und besinnliches Geschenk für die verschiedensten Anlässe

Von den blauen Bändchen wurden bisher über 1 500 000 Stück als Geschenk verwendet, offenbar weil es sich um nachdenklich stimmende und dennoch kurzweilige, lebensnahe Betrachtungen handelt, die manchem in unserer Zeit etwas zu sagen haben.

Wie oft ist man um ein kleines Geschenk verlegen, wenn man einen Besuch macht, wenn es sich um einen Geburtstag, eine Krankenvisite oder andere Anlässe handelt.

Mit dieser Reihe sind Sie immer gut gerüstet und können gewiß sein, den Empfängern Freude zu bereiten.

Wer einen Band kennengelernt hat, möchte meist alle besitzen.

Des Menschen Engel ist die Zeit

Die nachdenkliche, unterhaltsame Betrachtung geht den Zusammenhängen der Zeitnot, der Not unserer Zeit nach.
Von der Art zu leben hängt es ab, ob die Zeit des Menschen Engel ist.
Die Lektüre wird für den Leser zu einer Besinnungspause, die mit Sicherheit von Gewinn ist.

Lebenswerte, liebenswerte Jahre

Die zweite Lebenshälfte zu meistern, will vielen schwierig, einigen unmöglich erscheinen, obwohl, richtig verstanden, das Alter unser „zweites Leben" sein kann. Jede Lebensstufe will recht und voll ausgelebt sein, wenn die nächste Zeitspanne Frucht, Reife oder Vollendung bringen soll.

Das Glück unserer Tage

Wie häufig wünschen wir Glück, ohne dabei an das rechte, das eigentliche Glück zu denken. Wissen wir denn, was Glück ist? Wo es zu finden ist? Carmen Sylva rät, es nicht in einem ewig lachenden Himmel zu suchen, sondern in ganz feinen Kleinigkeiten, aus denen wir unser Leben zurechtzimmern.

Pflicht ward Freude

Die Arbeit ist der Mittelpunkt für das Wesen jedes Menschen. Wer in seiner Arbeit zufrieden ist, der ist zufrieden.
Bei vielen Erfindungen und Dienstleistungen stand am Anfang die Bereitschaft zum Dienen, die später nach ausdauernder, aufopfernder Arbeit großen Gewinn brachte, eben weil sie ihre Wurzel in einer tätigen Menschenliebe hatte.

Mütter sind unsterblich

Eine rechte Mutter zu sein, das ist eine schwerer Dienst, das ist wohl die höchste Aufgabe im Menschenleben.
Über das Lebensnotwendige hinaus schenkten Mütter ihren schöpferisch begabten Kindern Verständnis, halfen und ermunterten sie. Berühmt geworden, setzten Söhne und Töchter ihnen in ihren Briefen und Werken unvergängliche Denkmäler.

Die Sonne scheint für alle

Woher in dieser Welt noch Heiterkeit und Gelassenheit nehmen? Wo Trost finden, wie Mut gewinnen oder Güte bewahren? Seelische Widerstandskraft kann nur aus wahrhafter Selbsterkenntnis erwachsen, aus der Aneignung von Werten, die es uns ermöglichen, Freude zu empfinden und weiterzugeben.

Der Kreis der Sehnsucht
(Preis der Freiheit)

Materielle und geistige Freiheit sind nicht voneinander zu trennen. Wohlstand und Gewöhnung haben die Anziehungskraft dieses Ideals verblassen lassen. An uns ist es, die Sache der inneren und äußeren Freiheit zu vertreten und ihr großes Bild neu zu schaffen.

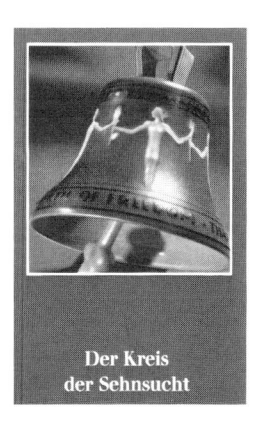

Das Leben will geliebt sein

Wir alle müssen das Leben meistern, aber die einzige Art, mit dem Leben fertig zu werden, besteht darin es zu lieben. Dabei lernen wir uns und unsere Mitmenschen kennen und wir verstehen schließlich daß wahre Sicherheit einzig und allein tief in uns selber liegt.

Eines Freundes Freund zu sein

Die Freundschaft ist neben der Liebe das nicht minder bedeutende Gefühl, dessen jeder Mensch bedarf, andernfalls er Schaden an seiner Seele nimmt. Liebe und Freundschaft sind die beiden Güter, die den Armen zauberhaft bereichern und deren Mangel den Reichen bitter darben läßt.

Jeder Tag ein neues Leben

Wo die materielle Sicherheit gefährdet erscheint und die religiöse Geborgenheit fehlt, stellen Angst und Sorge den Fuß in die Tür. Frau Sorge und Mutter Hoffnung ringen um den Menschen. Zunächst gilt es, die Ursachen zu analysieren und sich der Hilfen zu vergewissern, die auch den dunklen Tag erhellen, denn es fehlt auch in dieser Zeit nicht an Auswegen.

Die Kunst der Muße

Die Muße des Menschen ist der letzte Unterschlupf für seine individuellen Regungen. Recht verstandene Muße kann zum natürlichen Gegenpol unserer Arbeit werden, aus ihr können neue seelische und physische Kräfte erwachsen, die uns befähigen, dem Leben die guten Seiten abzugewinnen.

Gefährten eines Lebens

Das Gelingen oder Scheitern liegt bereits in der Auffassung, daß die Ehe dazu bestimmt sei, glücklich zu machen, also ein „Recht auf Glück" bestehe, während das Glück allein im gegenseitigen Schenken liegt. Wer diese Kunst beherrscht, wird erfahren, daß der Schenkende immer zugleich der Beschenkte und der Beglückte ist.

Der Brief ein Geschenk

Ein Geschenk, das dem Geber keinen materiellen Einsatz, wohl aber Zeit abverlangt, ist der Brief. Welch guter Rat, Freunden, die sich seit langem eine besinnliche Stunde mit uns wünschen, anstelle anderer Dinge die Zeit zum Geschenk zu machen, die man für einen guten Brief benötigt. Zu der Betrachtung gehören 24 Briefe, die zu den gehaltvollsten Beispielen zählen.

Tagebuch der Freude

Was der Schlaf für den Körper bedeutet, ist die Freude für Geist und Seele. Viele Freuden werden übersehen, weil die Menschen meist nur in die Höhe schauen und was zu ihren Füßen liegt, nicht sehen: die zahllosen kleinen Freuden, aus denen sich das Glück zusammensetzt.

Anders als die Träume

Der Dichter Friedrich Hebbel bezeichnet es als ein herrliches Vermögen der Menschheit, sich schöne Träume zu bilden, einerlei, ob sie nun Realität haben oder nicht, und ein anderer Schriftsteller unserer Tage fügt hinzu, daß es die höchste Weisheit sei, hochgespannte Träume nicht aus den Augen zu verlieren, während man Ihnen nachstrebe.

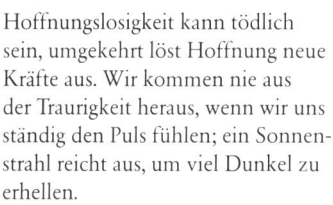

Leben heißt hoffen

Hoffnungslosigkeit kann tödlich sein, umgekehrt löst Hoffnung neue Kräfte aus. Wir kommen nie aus der Traurigkeit heraus, wenn wir uns ständig den Puls fühlen; ein Sonnenstrahl reicht aus, um viel Dunkel zu erhellen.
Augenmaß und Geduld bewirken viel. Wichtiges wichtig nehmen und Unwichtiges unwichtig. Wer klug ist, mischt eines mit dem anderen: er hofft nicht ohne Zweifel und zweifelt nicht ohne Hoffnung.

Offene Tore zum Paradies

Ein sanftes Eden
liegt im Menschenherzen,
und es blühen darin
leuchtende und dunkle Blumen.
Wir lernen den Gedanken der ewigen
Wiederkehr verstehen Alles
Geschehen ist Trennen und Finden.
Alles Wiederfinden ist Rettung aus
Einsamkeit.
Wir können aus der Erde die Hölle
machen, aber auch das Paradies, wenn
wir in alles die Wahrheit Gottes
hineinbauen.

Mit Büchern leben

Bücher lesen heißt wandern in ferne
Welten, aus den Stuben über die
Sterne. Schlagt ein Buch auf: Freunde
kommen Euch entgegen.

Das Leben hat kein Geländer

Das Leben bietet keine Sicherheit
außer der, die tief in uns selbst liegt.
Selbstvertrauen, Begeisterung,
Können, Fleiß und Beharrlichkeit
schirmen uns vor den Gefahren ab.

Und ewig bleibt das Staunen

Staunen und Fragen ist der Anfang
jeder Philosophie.
Wer jung bleiben will, muß sich die
Fähigkeit des Staunens erhalten;
er wird ungeahnte Wunder entdecken.

Im Zauberreich der Töne

Viele Augenblicke unvermischt
reinen Glücks verdanken wir der
Musik. Sie läßt uns das Leben los-
gelöst von allem Stofflichen im
Lichte idealer Verklärung erscheinen.
Musik wäscht den Staub des Alltags
von der Seele.

Schicksal und Ausgleich

Der Schlüssel zum Glück ist das
Bestreben, unser Denken mit dem
göttlichen Geist, unser Leben mit
dem Universum in Einklang zu bringen.
R. W. Emerson zeigt auf, was uns
schicksalhaft vorgegeben ist und was
wir zu tun vermögen.

Jahreszeiten eines Lebens

H. G. Schwieger, Autor und Herausgeber der Blauen Reihe, zieht in einem Rückblick das Fazit seines Lebens. Der Bogen ist weit gespannt. Er reicht vom Kaiserreich bis zur Gegenwart, sieben Jahrzehnte, die unter vier Staatsformen durchlebt wurden.

Das ABC guter Gedanken

Eine Sammlung von 300 Aphorismen zu 170 Begriffen – von Alter bis Zuversicht – mit einem Geburtstagskalender.

Der Garten – Balsam für die Seele

Eine beschauliche, zugleich praktische Abhandlung für alle Gartenfreunde.

Gedanken zu Papier gebracht

Daß wir als Menschen leben und ein ehrlich' Gedächtnis hinterlassen, haben wir dem Papier zu verdanken. Der Chronist berichtet von herzerfrischenden und nachdenklich stimmenden Ereignissen, die von Menschen und Papier handeln.

Mosaik der Lebensfreude

Als ein Symbol unseres Lebens hat das Mosaik seinen Reiz. Wenn wir für jeden Tag einen Stein einsetzen, haben wir etwa 30 000 Steine für dieses Mosaik zur Verfügung. An uns liegt es, wie farbig und harmonisch wir unser »Lebensmosaik« gestalten.

Da lächelt der UHU
Aphorismen 2000

Neue Themen tauchen auf, die der Aphorismus alter Prägung nicht kannte; sie reichen von Abrüstung bis Zivilisation. Etwa 500 Beispiele, vorwiegend von Zeitgenossen, legen Zeugnis ab für den modernen Aphorismus 2000.

Man reist ja nicht um anzukommen

Was ist Reisen? Ein Ortswechsel? Keineswegs! Beim Reisen wechselt man die Meinungen und Vorurteile. Das intelligente Reisen, das Verständnis fremder Völker und Länder will gelernt sein. Reisen ist leben, wie umgekehrt Leben reisen ist.

Ein Jahr zieht vorüber

Der Autor läßt uns an dem Ablauf eines Jahres – seines Lebensjahres – teilnehmen, an Erlebnissen, Beobachtungen und Gedanken, an Erinnerungen, Überlegungen und Vorsätzen, die vom Beginn eines neuen Jahres bis zu seinem Ausklang reichen.

Die Tore des Wohlwollens

Ein Brevier der internationalen Gastfreundschaft. Die Kenntnis der vielfältigen Zusammenhänge gibt Ihnen den Schlüssel zu den Toren des Wohlwollens in aller Welt.

Alles ist relativ

Über 400 Aussprüche zu über 300 Begriffen zeigen, daß es an nachdenklich stimmenden und launigen Aussagen zu diesem Thema nicht mangelt.

Vom Zauber des Alltags

Es bedarf manchen Nasenstübers des Schicksals, um zu erkennen und zu begreifen, wieviel Schönheit, Glück und Wohlbehagen das Leben für uns bereit hält: Eindrücke, die einen Menschen für Tage und Wochen verändern können, die dem Leben neue Inhalte geben, uns mahnen, an das Schöne, Bleibende, das Unvergängliche zu glauben.

Persönliches

Persönliches

Persönliches

Persönliches